# 고려대 재미있는 한국어

듣기 Listening

고려대학교 한국어센터 편

中文版

KU PRESS
고려대학교출판문화원

고려대학교 한국어센터는 1986년 설립된 이래 한국어와 한국 문화를 재미있게 배우고 효과적으로 가르치는 방법을 연구해 왔습니다. 《고려대 한국어》와 《고려대 재미있는 한국어》는 한국어센터에서 내놓는 세 번째 교재로 그동안 쌓아 온 연구 및 교수 학습의 성과를 바탕으로 하고 있습니다.

이 책의 가장 큰 특징은 한국어를 처음 접하는 학습자도 쉽게 배워서 바로 사용할 수 있도록 구성했다는 점입니다. 한국어 환경에서 자주 쓰이는 항목을 최우선하여 선정하고 이 항목을 학습자가 교실 밖에서 사용할 수 있도록 연습 기회를 충분히 그리고 다양하게 제공하고 있습니다.

이 책을 내기까지 많은 분들의 도움을 받았습니다. 먼저 지금까지 고려대학교 한국어센터에서 한국어를 공부한 학습자들께 감사드립니다. 쉽고 재미있는 한국어 교수 학습에 대한 학습자들의 다양한 요구가 없었다면 이 책은 나오지 못했을 것입니다. 그리고 한국어 학습자들의 요구에 부응하기 위해 열정적으로 교육과 연구에 헌신하고 계신 고려대학교 한국어센터의 선생님들께도 감사드립니다.

무엇보다 한국어 학습자와 한국어 교원의 요구 그리고 한국어 교수 학습 환경을 종합적으로 고려한 최상의 한국어 교재를 위해 밤낮으로 고민하고 집필에 매진하신 고려대학교 국어국문학과 김정숙 교수님을 비롯한 저자분들께 깊은 감사를 드립니다. 이 밖에도 이 책이 보다 멋진 모습을 갖출 수 있도록 도와주신 고려대학교 출판문화원의 윤인진 원장님과 직원 여러분께도 감사드립니다. 그리고 집필진과 출판문화원의 요구를 수용하여 이 교재에 맵시를 입히고 멋을 더해 주신 랭기지플러스의 편집 및 디자인 전문가, 삽화가의 노고에도 깊은 경의를 표합니다.

부디 이 책이 쉽고 재미있게 한국어를 배우고자 하는 한국어 학습자와 효과적으로 한국어를 가르치고자 하는 한국어 교원 모두에게 도움이 되기를 바랍니다. 또한 앞으로 한국어 교육의 내용과 방향을 선도하는 역할도 아울러 할 수 있게 되기를 희망합니다.

2019년 7월
국제어학원장 박성철

## 이 책의 특징

《고려대 한국어》와 《고려대 재미있는 한국어》는 '형태를 고려한 과제 중심 접근 방법'에 따라 개발된 교재입니다. 《고려대 한국어》는 언어 항목, 언어 기능, 문화 등이 통합된 교재이고, 《고려대 재미있는 한국어》는 말하기, 듣기, 읽기, 쓰기로 분리된 기능 교재입니다.

《고려대 한국어》 1A와 1B가 100시간 분량, 《고려대 재미있는 한국어》 말하기, 듣기, 읽기, 쓰기가 100시간 분량의 교육 내용을 담고 있습니다. 200시간의 정규 교육 과정에서는 여섯 권의 책을 모두 사용하고, 100시간 정도의 단기 교육 과정이나 해외 대학 등의 한국어 강의에서는 강의의 목적이나 학습자의 요구에 맞는 교재를 선택하여 사용할 수 있습니다.

### 《고려대 재미있는 한국어》의 특징

▶ **한국어를 처음 배우는 학습자도 쉽게 배울 수 있습니다.**
  • 한국어 표준 교육 과정에 맞춰 성취 수준을 낮췄습니다. 핵심 표현을 정확하고 유창하게 사용하는 것이 목표입니다.
  • 제시되는 언어 표현을 통제하여 과도한 입력의 부담 없이 주제와 의사소통 기능에 충실할 수 있습니다.
  • 알기 쉽게 제시하고 충분히 연습하는 단계를 마련하여 학습한 내용의 이해에 그치지 않고 바로 사용할 수 있습니다.

▶ **학습자의 동기를 이끄는 즐겁고 재미있는 교재입니다.**
  • 한국어 학습자가 가장 많이 접하고 흥미로워하는 주제와 의사소통 기능을 다룹니다.
  • 한국어 학습자의 특성과 요구를 반영하여 실제적인 자료를 제시하고 유의미한 과제 활동을 마련했습니다.
  • 한국인의 언어생활, 언어 사용 환경의 변화를 발 빠르게 반영했습니다.
  • 친근하고 생동감 있는 삽화와 입체적이고 감각적인 디자인으로 학습의 재미를 더합니다.

## 《고려대 재미있는 한국어 1》의 구성

▶ 말하기 20단원, 듣기 10단원, 읽기 10단원, 쓰기 12단원으로 구성하였으며 한 단원은 내용에 따라 1~4시간이 소요됩니다.

▶ 각 기능별 단원 구성은 아래와 같습니다.

| 말하기 | 도입 | 배워요 1~2 | 말해요 1~3 | 자기 평가 |
|---|---|---|---|---|
| | 학습 목표 생각해 봐요 | 주제, 기능 수행에 필요한 어휘와 문법 제시 및 연습 | • 형태적 연습/유의적 연습<br>• 의사소통 말하기 과제<br>• 역할극/짝 활동/게임 등 | |

| 듣기 | 들어 봐요 | 들어요 1 | 들어요 2~3 | 자기 평가 | 더 들어요 |
|---|---|---|---|---|---|
| | 학습 목표 음운 구별 | 어휘나 표현에 집중한 부분 듣기 | 주제, 기능과 관련된 다양한 듣기 | | 표현, 기능 등이 확장된 듣기 |

| 읽기 | 도입 | 읽어요 1 | 읽어요 2~3 | 자기 평가 | 더 읽어요 |
|---|---|---|---|---|---|
| | 학습 목표 생각해 봐요 | 어휘나 표현에 집중한 부분 읽기 | 주제, 기능과 관련된 다양한 읽기 | | 표현, 기능 등이 확장된 읽기 |

| 쓰기 | 도입 | 써요 1 | 써요 2 | 자기 평가 |
|---|---|---|---|---|
| | 학습 목표 | 어휘나 표현에 집중한 문장 단위 쓰기 | 주제, 기능에 맞는 담화 차원의 쓰기 | |

▶ 교재의 앞부분에는 '이 책의 특징'을 배치했고, 교재의 뒷부분에는 '정답'과 '듣기 지문', '어휘 찾아보기', '문법 찾아보기'를 부록으로 넣었습니다.

▶ 모든 듣기는 MP3 파일 형태로 내려받아 들을 수 있습니다.

## 《고려대 재미있는 한국어 1》의 목표

일상생활에서의 간단한 의사소통을 할 수 있습니다. 인사, 일상생활, 물건 사기, 하루 일과, 음식 주문, 휴일 계획, 날씨 등에 대해 이야기할 수 있습니다. 일상생활을 표현하는 기본 어휘와 한국어의 기본 문장을 이해하고 사용할 수 있습니다.

《高丽大学韩国语》和《高丽大学有趣的韩国语》是遵循"任务聚焦并考虑形式的方法"而开发的教材。《高丽大学韩国语》是涵盖了语言项目、语言技能和文化的综合教材，《高丽大学有趣的韩国语》是听、说、读、写相区分的技能教材。

《高丽大学韩国语》1A和1B包含100小时的教育内容，《高丽大学有趣的韩国语》包含听、说、读、写在内的100小时教育内容。在200小时的常规课程体系中六本书全部使用，在100小时左右的短期教育课程或海外大学的韩国语课程中，可选择符合授课目的或学习者要求的教材使用。

## 《高丽大学有趣的韩国语》的特点

▶ **初学韩国语的学习者也可轻松学习。**
- ·配合韩国语标准教育课程，降低了难度水平。将准确，流畅地使用核心表达方式作为目标。
- ·通过控制所呈现的语言表达方式，减少过度灌输的负担，从而集中于主题和沟通技巧。
- ·以清晰易懂的方式呈现，并通过充分的练习，实现快速地学以致用。

▶ **激励学习者学习热情的，生动、有趣的教材。**
- ·涉及韩语学习者最熟悉和最感兴趣的主题及沟通技巧。
- ·反映韩国语学习者的特点和要求，提供实际资料，准备了有意义的课题活动。
- ·及时反映了韩国人的语言生活和韩语语言环境的变化。
- ·贴切生动的插画和富有立体感，品味出众的设计，增添了学习的乐趣。

## 《高丽大学有趣的韩国语1》的构成

▶ 本书由20个口语单元、10个听力单元、10个阅读单元和12个写作单元所构成，每个单元根据内容大约需学习1~4小时。

▶ 听说读写各单元的结构如下。

**说一说**

| 引入 | 学一学 1～2 | 口语 1～3 | 自我评价 |
|---|---|---|---|
| 学习目标 想一想 | 展示主题以及履行功能所需的词汇和语法，并进行练习 | ·形式练习、有意义的练习<br>·口语交际任务<br>·角色扮演/结对活动/做游戏等 | |

**听一听**

| 引入 | 听力 1 | 听力 2～3 | 自我评价 | 再听一听 |
|---|---|---|---|---|
| 学习目标 分辨音韵 | 集中于词汇及表达方式部分的精听 | 与主题、技能相关的各类泛听 | | 对表达方式和技能进行的扩展泛听 |

**读一读**

| 引入 | 阅读 1 | 阅读 2～3 | 自我评价 | 再读一读 |
|---|---|---|---|---|
| 学习目标 想一想 | 集中于词汇及表达方式部分精读 | 与主题、技能相关的各类泛读 | | 对表达方式和技能进行的扩展泛读 |

**写一写**

| 引入 | 写作 1 | 写作 2 | 自我评价 |
|---|---|---|---|
| 学习目标 | 集中于词汇及表达方式的句子写作 | 与主题，技能相符的语篇写作 | |

▶ 教材的前面加入"本书的特点"、教材的后面则以附录形式收录了"正确答案"、"听力原文"、"词汇索引"和"语法索引"。

▶ 所有听力内容均可以MP3文件格式下载，供学习者进行听力练习。

## 《高丽大学有趣的韩国语1》的目标

能在日常生活中进行简单的沟通。能对打招呼、日常生活、买东西、每天日程、点菜、假期计划和天气等进行对话。能够理解并使用表达日常生活的基本词汇与韩语的基本句型。

# 이 책의 특징 本书的特点

**단원 제목** 单元的题目 ◀

**학습 목표** 学习目标 ◀

· 단원의 의사소통 목표입니다.
  本单元的交际目标。

**들어 봐요** 听一听 ◀

· 음운에 초점을 둔 듣기 연습 활동입니다.
  侧重于音韵的听力练习活动。

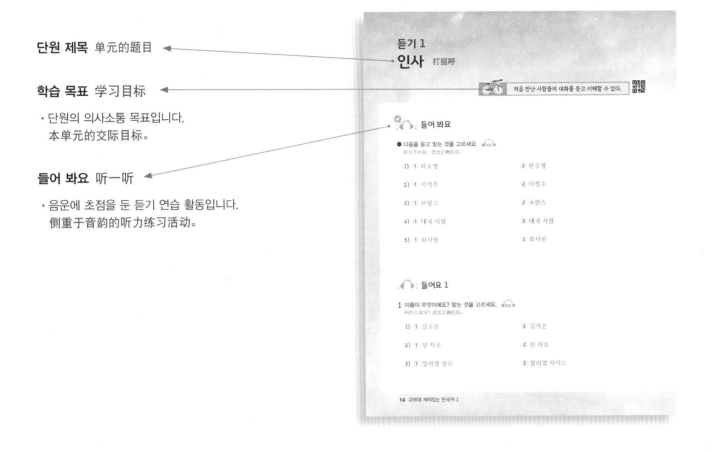

**들어요 2, 3** 听一听 2, 3 ◀

· 단원의 주제와 기능이 구현된 담화 단위의 의사소통적
  듣기 과제 활동입니다.
  体现单元主题和技能，以语篇为单位，具有沟通性
  质的听力练习活动。

· 들어요 2와 3은 대화 상황, 참여자, 격식 등에 차이를
  두었습니다.
  听一听2和3在对话情境、参与者和格式等方面进行
  了区分。

**자기 평가** 自我评价 ◀

· 학습 목표의 달성 여부를 학습자가 스스로 점검합니다.
  由学习者自我检查是否达到了学习目标。

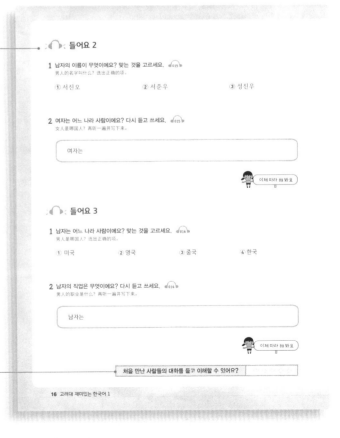

2 어느 나라 사람이에요? 맞는 것을 고르세요. 🔊013
您是哪国人？选出正确的项。

1) _____  2) _____  3) _____

3 직업이 무엇이에요? 맞는 것을 고르세요. 🔊014
工作是什么？选出正确的项。

1) _____  2) _____  3) _____

이제 따라 해 봐요

## 들어요 1 听一听 1

- 단원의 주제를 표현하거나 기능을 수행하는 데 필요한 어휘 및 문법 표현에 초점을 둔 듣기 연습 활동입니다.
  侧重于表达单元主题或练习技能时所需的词汇和语法表达方式的听力练习活动。

- 짧은 대화 단위의 듣기입니다.
  以简短对话为单位的听力练习。

## 이제 따라 해 봐요 现在请跟说。

- 들은 내용을 따라 하면서 자연스럽게 표현을 익힙니다.
  边听内容边跟读，自然而然地熟悉表达方式。

---

더 들어요

● 다음을 듣고 쓰세요. 🔊017
听以下内容并写下来。

경세진
한국어 선생님

고트라

캐나다

## 더 들어요 再听一听

- 확장된 듣기 과제 활동입니다.
  扩展性泛听任务活动。

- 주제와 기능이 달라지거나 실제성이 강조된 듣기입니다.
  强调不同主题和技能，或更贴近现实的听力练习。

- 단원의 성취 수준을 다소 상회하는 수준의 듣기로 단원의 목표에는 포함되지 않습니다.
  这一部分的听力内容难度略高于单元平均水平，不含在单元目标之内。

- 교육 과정이나 학습자 수준에 따라 선택적으로 활동을 합니다.
  可根据教学课程或学习者的水平有选择地进行活动。

# 듣기
## 听一听

# 차례 目录

# 듣기 1
# 인사  打招呼

처음 만난 사람들의 대화를 듣고 이해할 수 있다.

##  들어 봐요

● 다음을 듣고 맞는 것을 고르세요. 🎧011
   听以下内容，选出正确的项。

   1) ① 하소영　　　　　　　② 한수영

   2) ① 이석주　　　　　　　② 이정수

   3) ① 브랑스　　　　　　　② 프란스

   4) ① 대국 사람　　　　　② 태국 사람

   5) ① 외사원　　　　　　　② 회사언

##  들어요 1

1 이름이 무엇이에요? 맞는 것을 고르세요. 🎧012
   叫什么名字？选出正确的项。

   1) ① 김고은　　　　　　　② 김가은

   2) ① 성 자우　　　　　　　② 진 차오

   3) ① 밀리엄 상드　　　　② 윌리엄 사이드

**2** 어느 나라 사람이에요? 맞는 것을 고르세요. 🎧 013

您是哪国人？选出正确的项。

①   ② ③ ④

⑤ ⑥ ⑦ ⑧

1) _____   2) _____   3) _____

**3** 직업이 무엇이에요? 맞는 것을 고르세요. 🎧 014

工作是什么？选出正确的项。

①   한국어  ②   ③

④   ⑤   ⑥

1) _____   2) _____   3) _____

이제 따라 해 봐요

## 🎧 들어요 2

**1** 남자의 이름이 무엇이에요? 맞는 것을 고르세요.
男人的名字叫什么？选出正确的项。

① 서진오             ② 서준우             ③ 성진우

**2** 여자는 어느 나라 사람이에요? 다시 듣고 쓰세요.
女人是哪国人？再听一遍并写下来。

> 여자는

이제 따라 해 봐요

## 🎧 들어요 3

**1** 남자는 어느 나라 사람이에요? 맞는 것을 고르세요.
男人是哪国人？选出正确的项。

① 미국        ② 영국        ③ 중국        ④ 한국

**2** 남자의 직업은 무엇이에요? 다시 듣고 쓰세요.
男人的职业是什么？再听一遍并写下来。

> 남자는

이제 따라 해 봐요

| 처음 만난 사람들의 대화를 듣고 이해할 수 있어요? | ☆ ☆ ☆ ☆ ☆ |
|---|---|

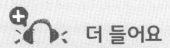 더 들어요

● 다음을 듣고 쓰세요. 🎧017
听以下内容并写下来。

정세진

한국어 선생님

고트라

캐나다

# 듣기 2
# 일상생활 | 日常生活 |

 일상생활에 대한 대화를 듣고 이해할 수 있다.

 들어 봐요

● 다음을 듣고 맞는 것을 고르세요. 🎧 021
  听以下内容，选出正确的项。

1) ① 마나요                    ② 만나요

2) ① 온둥해요                  ② 운동해요

3) ① 오요예요                  ② 우유예요

4) ① 가반을 사요              ② 가방을 사요

5) ① 잭을 일어요              ② 책을 읽어요

 들어요 1

1 무엇을 해요? 맞는 것을 고르세요. 🎧 022
  在做什么？选出正确的项。

1)
 ①  ②  ③

2)

①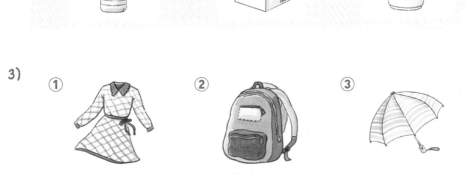
②
③

3)

①
②
③

## 2 다음을 듣고 맞는 것을 고르세요. 🎧 023

听以下内容，选出正确的项。

1)

①
②
③

2)

①
②
③

3)

①
②
③

4)
①　②　③

이제 따라 해 봐요

## 🎧 들어요 2

**1** 남자는 무엇을 해요? 맞는 것을 고르세요. 🎧024

男人在做什么？选出正确的项。

①　②　③　④

**2** 여자는 무엇을 해요? 다시 듣고 쓰세요. 🎧024

女人在做什么？再听一遍并写下来。

여자는

이제 따라 해 봐요

## 🎧 들어요 3

**1** 이 사람들은 무엇을 해요? 메모하세요.
这些人做什么？请记下来。

**2** 다시 듣고 내용과 같으면 ◯, 다르면 ✕에 표시하세요.
再听一遍，与内容相同时用 ◯ 表示，不同时用 ✕ 表示。

1) 남자는 오늘 일해요.　　　◯　　✕

2) 여자는 오늘 친구를 만나요.　◯　　✕

이제 따라 해 보요

| 일상생활에 대한 대화를 듣고 이해할 수 있어요? | ☆ ☆ ☆ ☆ ☆ |
| --- | --- |

 더 들어요

● 다음을 듣고 연결하세요. 🎧 026
听以下内容并连线。

카밀라 　　 웨이 　　 무함마드 　　 두엔 　　 다니엘 　　 미아

# 듣기 3
# 일상생활 II 日常生活 II

 일상생활에 대한 대화를 듣고 이해할 수 있다.

##  들어 봐요

● 다음을 듣고 맞는 것을 고르세요. 031
  听以下内容，选出正确的项。

1) ① 크어요                    ② 커요

2) ① 작아요                    ② 적아요

3) ① 새미있어요                ② 재미었어요

4) ① 검뷰더예요                ② 컴퓨터예요

5) ① 성생님이 좋아요           ② 선생님이 좋아요

##  들어요 1

**1** 어때요? 맞는 것을 고르세요. 032
  怎么样？选出正确的项。

1)

①                     ②

2)

①       ②

3)

①       ②

**2** 무엇이에요? 맞는 것을 고르세요. 🎧033

这是什么? 选出正确的项。

1)

①     ②     ③

2)

①     ②     ③

3)

①     ②     ③

이제 따라 해 보요

## 🎧 들어요 2

**1** 남자는 무엇을 해요? 맞는 것을 고르세요. 🎧034
男人在做什么？选出正确的项。

① 　② 　③ 　④

**2** 남자는 한국어 공부가 쉬워요, 어려워요? 다시 듣고 쓰세요. 🎧034
男人觉得韩语好学吗？难学吗？再听一遍并写下来。

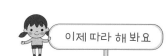
이제 따라 해 봐요

## 🎧 들어요 3

**1** 두 사람은 무엇을 보고 이야기해요? 맞는 것을 고르세요. 🎧035
两个人正在看着什么进行对话？选出正确的项。

① 　② 　③ 　④

**2** 두 사람이 보고 있는 것이 어때요? 다시 듣고 쓰세요.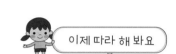

两个人正在看的东西怎么样？再听一遍并写下来。

> (빈칸)

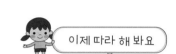 이제 따라 해 봐요

| 일상생활에 대한 대화를 듣고 이해할 수 있어요? | ☆ ☆ ☆ ☆ ☆ ☆ |
| --- | --- |

 **더 들어요**

● 다음을 듣고 내용과 같은 것을 고르세요. 036

听以下内容，选出与内容一致的项。

① 교실이 작아요.

② 교실에 책이 많아요.

③ 선생님이 재미있어요.

# 듣기 4
# 장소 场所

장소에서 하는 일에 대한 대화를 듣고 이해할 수 있다.

 들어 봐요

● 다음을 듣고 맞는 것을 고르세요.  041
  听以下内容，选出正确的项。

1) ① 은항             ② 은행

2) ① 배와점          ② 백화점

3) ① 곤항             ② 공항

4) ① 병원             ② 빙원

5) ① 더소칸          ② 도서칸

## 들어요 1

1 어디에 가요? 맞는 것을 고르세요. 042
  去哪里？选出正确的项。

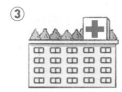

1)  _____  2)  _____  3)  _____  4)  _____

**2** 어디에서 무엇을 해요? 맞는 것을 고르세요. 043

在哪里做什么？选出正确的项。

1)

①   ②

2)

①   ②

3)

①   ②

4)

①   ②

이제 따라 해 봐요

## 들어요 2

**1** 다음을 듣고 대화에 맞는 그림을 고르세요. 🎧044

听下面的内容，选出与对话相符的图片。

①

②

③

④

**2** 여자는 어디에 가요? 그리고 거기에서 무엇을 해요? 다시 듣고 쓰세요. 🎧044

女人要去哪里？她在那里做什么？再听一遍并写下来。

여자는

거기에서

 이제 따라 해 봐요

## 🎧 들어요 3

**1** 남자는 오늘 어디에 가요? 쓰세요. 🎧 045
男人今天要去哪里？写下来。

<br>

**2** 다시 듣고 내용과 같으면 〇, 다르면 ✕에 표시하세요. 🎧 045
再听一遍，与内容相同时用 〇 表示，不同时用 ✕ 表示。

1) 남자는 회사원이에요.　　　　　　〇　　✕

2) 남자의 친구는 독일 사람이에요.　〇　　✕

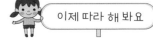

이제 따라 해 봐요

장소에서 하는 일에 대한 대화를 듣고 이해할 수 있어요?　☆☆☆☆☆

---

## ➕🎧 더 들어요

● 다음을 듣고 맞는 장소를 고르세요. 🎧 046
听以下内容，选出正确的场所。

　　　①　　　　　　　　　②　　　　　　　　　③

# 듣기 5
# 물건 사기 买东西

 물건을 사는 대화를 듣고 이해할 수 있다.

##  들어 봐요

● 다음을 듣고 맞는 것을 고르세요. 🎧051
听以下内容，选出正确的项。

1) ① 커피      ② 코비

2) ① 팡      ② 빵

3) ① 가자      ② 과자

4) ① 삼부      ② 샴푸

5) ① 조컬릭      ② 초콜릿

##  들어요 1

1 무엇을 찾아요? 맞는 것을 고르세요. 🎧052
在找什么？选出正确的项。

①     ②     ③

④     ⑤     ⑥

1)
_____

2)
_____

3)
_____

4)
_____

**2** 몇 개 사요? 맞는 것을 고르세요. 🎧053

买几个？选出正确的项。

1)
① 　　②

2)
① 　　②

3)
① 　　②

4)
① 　　②

**3** 얼마예요? 맞는 것을 고르세요.

多少钱？选出正确的项。

1) ① 1,200원          ② 2,200원

2) ① 9,080원          ② 9,800원

3) ① 36,000원          ② 46,000원

4) ① 75,000원          ② 105,000원

이제 따라 해 봐요

 들어요 2

**1** 다음을 듣고 대화에 맞는 그림을 고르세요. 055

听下面的内容，选出与对话相符的图片。

①

②

③

④

**2** 여자는 우산을 몇 개 사요? 얼마예요? 다시 듣고 맞는 그림을 고르세요.
女人要买几把雨伞？多少钱？再听一遍，选出正确的图片。

①

②

③

④

이제 따라 해 봐요

 **들어요 3**

**1** 남자는 무엇을 찾아요? 물건의 이름을 메모하세요. 056
男人在找什么？记下物品的名称。

**2** 다시 듣고 맞는 것을 고르세요. 🎧056

听以下内容，选出正确的项。

① 

| 품목 | 수량 | 가격 |
|------|------|--------|
| 샴푸 | 1 | 10,000 |
| 휴지 | 3 | 4,500 |
| 초콜릿 | 1 | 1,000 |
| 합계 | | 15,500 |

② 

| 품목 | 수량 | 가격 |
|------|------|--------|
| 샴푸 | 3 | 12,500 |
| 휴지 | 1 | 1,500 |
| 아이스크림 | 1 | 1,500 |
| 합계 | | 15,500 |

이제 따라 해 봐요

물건을 사는 대화를 듣고 이해할 수 있어요?  ☆ ☆ ☆ ☆ ☆ ☆

## 더 들어요

● 다음을 듣고 무엇을 몇 개 사는지 쓰세요. 🎧057

听以下内容，写出买了什么东西，买了几个。

주스 _____

_____

_____

_____

# 듣기 6
# 하루 일과 每天的日程

하루 일과에 대한 대화를 듣고 이해할 수 있다.

##  들어 봐요

● 다음을 듣고 맞는 것을 고르세요. 🎧061
听以下内容，选出正确的项。

1) ① 낮이에요　　　　　　② 낮이에요

2) ① 시월 일 일이에요　　② 십월 일 일이에요

3) ① 며 치에 일러나요　　② 몇 시에 일어나요

4) ① 아짐에 씻어요　　　② 아침에 씨어요

5) ① 아합 시에 출근해요　② 아홉 시에 촐곤해요

##  들어요 1

**1** 몇 시예요? 맞는 것을 고르세요. 🎧062
几点了? 选出正确的项。

1) ① 　　②

2) ① 　　②

3) ① 　②

**2** 몇 월 며칠이에요? 맞는 것을 고르세요.
是几月几号？选出正确的项。

1) ① 5월 10일　　　　② 5월 16일

2) ① 6월 17일　　　　② 6월 27일

3) ① 7월 21일　　　　② 7월 31일

**3** 무슨 요일이에요? 맞는 것을 쓰세요.
是星期几？写出正确的内容。

월요일　　화요일　　수요일　　목요일　　금요일　　토요일　　일요일

1)　　　　　　　　　2)　　　　　　　　　3)

_____　　_____　　_____

이제 따라 해 봐요

 들어요 2

**1** 남자가 하루에 하는 일을 모두 고르세요.
选出男人一天中做的所有事情。

① 　② 　③ 　④

**2** 다시 듣고 다음 질문의 답을 쓰세요. 🎧065

再听一遍，写出下列问题的答案。

1) 남자는 오전에 어디에 가요?

2) 남자는 집에 언제 와요?

이제 따라 해 봐요

## 🎧 들어요 3

**1** 여자의 직업은 무엇이에요? 쓰세요. 🎧066

女人的职业是什么？写下来。

**2** 다시 듣고 내용과 같으면 ○, 다르면 ✕에 표시하세요. 🎧066

再听一遍，与内容相同时用 ○ 表示，不同时用 ✕ 表示。

1) 여자는 아침에 샤워를 해요.    ○    ✕

2) 여자는 집에서 저녁을 먹어요.    ○    ✕

이제 따라 해 봐요

| 하루 일과에 대한 대화를 듣고 이해할 수 있어요? | ☆ ☆ ☆ ☆ ☆ |
|---|---|

 더 들어요

● 다음을 듣고 내용과 같으면 ○, 다르면 ✕에 표시하세요. 🎧067
  听下面的内容，与内容相同时用 ○ 表示，不同时用 ✕ 表示。

  1) 남자는 회사원이에요.　　　　　　　○　✕

  2) 남자는 오후 다섯 시에 퇴근해요.　　○　✕

# 듣기 7
# 한국 생활 韩国生活

한국 생활에 대한 대화를 듣고 이해할 수 있다.

 들어 봐요

● 다음을 듣고 맞는 것을 고르세요. 071
听以下内容，选出正确的项。

1) ① 요리했어요 　　　　　　② 유리해서요

2) ① 도요일에 쉬어요 　　　　② 토요일에 쉬워요

3) ① 작년에 시장했어요 　　　② 장년에 시작했어요

4) ① 진구를 사귔어요 　　　　② 친구를 사귀었어요

5) ① 그저게 밨어요 　　　　　② 그저께 봤어요

 들어요 1

1 언제 해요? 언제 했어요? 맞는 것을 고르세요. 072
什么时候做？什么时候做的？选出正确的项。

1) ① 일주일 전 　　　　　　　② 이 주일 전

2) ① 오늘 오후 　　　　　　　② 내일 오전

3) ① 이번 달 　　　　　　　　② 다음 달

4) ① 어제 　　　　　　　　　② 지난주

**2** 무엇을 하고 무엇을 해요? 맞는 번호를 순서대로 쓰세요. 🎧073

做什么，然后做什么？按顺序写出序号。

1) _____ ➡ _____     2) _____ ➡ _____

3) _____ ➡ _____     4) _____ ➡ _____

이제 따라 해 봐요

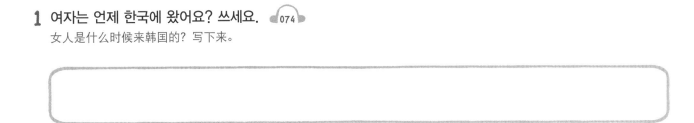

## 🎧 들어요 2

**1** 여자는 언제 한국에 왔어요? 쓰세요. 🎧074

女人是什么时候来韩国的？写下来。

---

**2** 다시 듣고 내용과 같은 것을 고르세요. 🎧074

再听一遍，选出与内容相同的项。

① 여자는 학생이에요.

② 여자는 한국 친구가 많아요.

③ 여자는 한국 생활이 안 좋아요.

이제 따라 해 봐요

## 🎧 들어요 3

**1** 남자는 언제 한국에 왔어요? 쓰세요. 🎧075

男人是什么时候来韩国的？写下来。

---

**2** 다시 듣고 남자가 오늘 했으면 ○, 안 했으면 ✕에 표시하세요.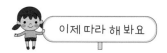

再听一遍，男人今天做的事情用 ○ 表示，没做的事情用 ✕ 表示。

1) 한국 시장에 갔어요. ○ ✕

2) 한국 친구를 만났어요. ○ ✕

3) 한국 회사에서 일했어요. ○ ✕

이제 따라 해 봐요

| 한국 생활에 대한 대화를 듣고 이해할 수 있어요? | ☆ ☆ ☆ ☆ ☆ |
|---|---|

 더 들어요

● 다음을 듣고 내용과 같으면 ○, 다르면 ✕에 표시하세요. 076

听下面的内容，与内容相同时用 ○ 表示，不同时用 ✕ 表示。

1) 남자는 학생이에요. ○ ✕

2) 두 사람은 오늘 처음 만났어요. ○ ✕

3) 남자는 일 년 전부터 한국어를 배웠어요. ○ ✕

# 듣기 8

# 음식 食物

 음식을 주문하는 대화를 듣고 이해할 수 있다.

 들어 봐요

● 다음을 듣고 맞는 것을 고르세요. 🎧081
  听以下内容，选出正确的项。

1) ① 드세요                      ② 두세요

2) ① 쉬울래요                    ② 쉴래요

3) ① 커피가 싸요                 ② 커피가 짜요

4) ① 내면을 먹어요               ② 냉면을 먹어요

5) ① 불고기 일 인분 주세요       ② 불고기 이 인분 주세요

 들어요 1

**1** 맛이 어때요? 쓰세요. 🎧082
  味道怎么样? 写下来。

1) _____     2) _____

3) _____     4) _____

**2** 남자는 무엇을 먹어요? 맞는 것을 고르세요. 🎧 083

男人在吃什么？选出正确的项。

1)
① ② ③

2)
① ② ③

3)
① ② ③

4)
① ② ③

이제 따라 해 봐요

## 🎧 들어요 2

**1** 무엇을 먹어요? 쓰세요. 〔084〕
两个人在吃什么？写下来。

남자 〔　　　　　　　　　　〕          여자 〔　　　　　　　　　　〕

**2** 다시 듣고 내용과 같으면 ◯, 다르면 ✕에 표시하세요. 〔084〕
再听一遍，与内容相同时用 ◯ 表示，不同时用 ✕ 表示。

1) 이 식당의 된장찌개는 안 짜요.　　　◯　　✕

2) 남자는 어제 된장찌개를 먹었어요.　◯　　✕

이제 따라 해 봐요

## 🎧 들어요 3

**1** 여자가 좋아하는 음식을 메모하세요. 〔085〕
写出女人喜欢的食物。

**2** 다시 듣고 내용과 같은 것을 고르세요. 🎧085

再听一遍，与内容相同时用 ◯ 表示，不同时用 ✗ 表示。

① 남자는 김치를 잘 먹어요.

② 남자는 한국 음식을 좋아해요.

③ 남자는 여자하고 점심을 같이 먹었어요.

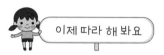

음식을 주문하는 대화를 듣고 이해할 수 있어요?    ☆ ☆ ☆ ☆ ☆

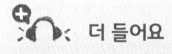 **더 들어요**

● 다음을 듣고 내용과 같으면 ◯, 다르면 ✗에 표시하세요. 🎧086

听下面的内容，与内容相同时用 ◯ 表示，不同时用 ✗ 表示。

1) 남자는 식당에 혼자 왔어요.    ◯    ✗

2) 남자는 고기를 안 먹어요.    ◯    ✗

# 듣기 9
# 휴일 假期

휴일 활동에 대한 대화를 듣고 이해할 수 있다.

##  들어 봐요

● 다음을 듣고 맞는 것을 고르세요. 🎧091
  听以下内容，选出正确的项。

1) ① 정소해요　　　　　　　② 청수해요

2) ① 슈이리예요　　　　　　② 휴일이에요

3) ① 고향에 가요　　　　　　② 코양에 가요

4) ① 배우고 싶으요　　　　　② 배워고 싶어요

5) ① 영화를 볼 거예요　　　　② 영화를 발 거예요

## 들어요 1

**1** 남자는 오늘 쉬어요? 쉬면 ○, 안 쉬면 ✕에 표시하세요. 092
  男人今天休息吗？休息用 ○ 表示，不休息用 ✕ 表示。

1) ⟨○⟩　⟨✕⟩

2) ⟨○⟩　⟨✕⟩

3) ⟨○⟩　⟨✕⟩

**2** 여자는 무엇을 할 거예요? 맞는 것을 고르세요. 🎧093

女人打算做什么？选出正确的项。

1) _____

2) _____

3) _____

4) _____

이제 따라 해 보요

## 🎧 들어요 2

**1** 남자는 주말에 보통 무엇을 해요? 맞는 것을 모두 고르세요. 🎧094

男人周末时通常做什么？选出正确的项。

**2** 다시 듣고 내용과 같으면 ◯, 다르면 ✕에 표시하세요.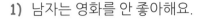
再听一遍，与内容相同时用 ◯ 表示，不同时用 ✕ 表示。

1) 남자는 영화를 안 좋아해요.　　　◯　　✕

2) 여자는 주말에 영화관에 갈 거예요.　◯　　✕

이제 따라 해 봐요

 **들어요 3**

**1** 여자의 휴가는 언제부터예요? 쓰세요. 095
女人的休假从什么时候开始？写下来。

**2** 다시 듣고 내용과 같으면 ◯, 다르면 ✕에 표시하세요. 095
再听一遍，与内容相同时用 ◯ 表示，不同时用 ✕ 表示。

1) 남자는 휴가에 요리를 배웠어요.　　　◯　　✕

2) 여자는 이번 휴가에 여행을 갈 거예요.　◯　　✕

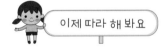
이제 따라 해 봐요

휴일 활동에 대한 대화를 듣고 이해할 수 있어요?　☆ ☆ ☆ ☆ ☆ ☆

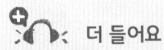 **더 들어요**

● 다음을 듣고 이야기하세요. 096
听以下内容，说一说。

1) 여자는 왜 한국어 공부를 시작했어요?

2) 여자는 이번 휴가에 무엇을 할 거예요?

# 듣기 10
# 날씨와 계절 天气和季节

 날씨와 계절에 대한 대화를 듣고 이해할 수 있다.

 들어 봐요

● 다음을 듣고 맞는 것을 고르세요. 🎧101
  听以下内容，选出正确的项。

1) ① 가을이에요　　　　　　　　② 겨울이에요

2) ① 날씨가 좋아요　　　　　　　② 나르씨가 추워요

3) ① 바람이 부를 거예요　　　　 ② 파람이 불 거예요

4) ① 흐려서 못 해요　　　　　　 ② 크리서 못 해요

5) ① 꽃고경을 해요　　　　　　　② 꼭구경을 해요

 들어요 1

**1** 무엇을 해요? 맞는 것을 고르세요. 🎧102
  做什么？选出正确的项。

① 　② 　③ 　④

1) _____　2) _____　3) _____　4) _____

**2** 날씨가 어때요? 맞는 것을 고르세요.  103

天气怎么样? 选出正确的项。

1) _____  2) _____  3) _____  4) _____

이제 따라 해 봐요

## 🎧 들어요 2

**1** 다음을 듣고 제주도 날씨로 맞는 것을 고르세요. 104

听以下内容, 选出与济州岛天气相符的项。

①   ②   ③   ④

**2** 다시 듣고 내용과 같으면 ○, 다르면 ✕에 표시하세요.
再听一遍，与内容相同时用 ○ 表示，不同时用 ✕ 表示。

1) 남자는 연휴에 여행을 갔어요.　　　　○　　✕

2) 남자는 바빠서 바다에 못 갔어요.　　　○　　✕

이제 따라 해 봐요

 **들어요 3**

**1** 지금 어느 계절인지 쓰세요.
写出现在是什么季节。

**2** 다시 듣고 내용과 같으면 ○, 다르면 ✕에 표시하세요.
再听一遍，与内容相同时用 ○ 表示，不同时用 ✕ 表示。

1) 여자는 작년에 한국에 왔어요.　　　　○　　✕

2) 여자는 날씨가 추워서 힘들어요.　　　○　　✕

이제 따라 해 봐요

날씨와 계절에 대한 대화를 듣고 이해할 수 있어요?　☆ ☆ ☆ ☆ ☆

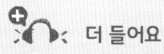 **더 들어요**

● 다음을 듣고 계절 이름을 이야기하세요.
听以下内容，说出季节的名称。

떡볶이

호떡

냉면

팥빙수

# 정답

## 1과 인사

● 들어 봐요

1) ②　　　　2) ①　　　　3) ②
4) ①　　　　5) ①

● 들어요 1

**1**
1) ①　　　　2) ②　　　　3) ②
**2**
1) ④　　　　2) ①　　　　3) ⑧
**3**
1) ②　　　　2) ③　　　　3) ⑥

● 들어요 2

**1** ②
**2** 베트남 사람이에요.

● 들어요 3

**1** ③
**2** 회사원이에요.

● 더 들어요

인도, 마리안

## 2과 일상생활 I

● 들어 봐요

1) ②　　　　2) ②　　　　3) ①
4) ①　　　　5) ②

● 들어요 1

**1**
1) ③　　　　2) ②　　　　3) ①
**2**
1) ②　　　　2) ③　　　　3) ③
4) ①

● 들어요 2

**1** ②
**2** 옷을 사요.

● 들어요 3

**1** 무함마드: 쉬어요. 두엔: 한국어를 공부해요.
**2**
1) ✕　　　　2) ○

● 더 들어요

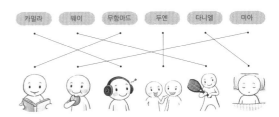

## 3과 일상생활 II

● 들어 봐요

1) ①　　　　2) ②　　　　3) ①
4) ②　　　　5) ①

● 들어요 1

**1**

1) ①　　　　2) ②　　　　3) ①

**2**

1) ②　　　　2) ①　　　　3) ③

● 들어요 2

**1** ④

**2** 어려워요. (그렇지만 재미있어요.)

● 들어요 3

**1** ②

**2** 지갑이 예뻐요. (그리고 조금 비싸요.)

● 더 들어요

③

## 4과　장소

● 들어 봐요

1) ②　　　　2) ①　　　　3) ②

4) ②　　　　5) ①

● 들어요 1

**1**

1) ①　　　　2) ⑥　　　　3) ④

4) ②

**2**

1) ②　　　　2) ②　　　　3) ①

4) ①

● 들어요 2

**1** ①

**2** 편의점에 가요. 커피하고 과자를 사요.

● 들어요 3

**1** 공항에 가요.

**2**

1) ○　　　　2) ✕

● 더 들어요

③

## 5과　물건 사기

● 들어 봐요

1) ②　　　　2) ①　　　　3) ②

4) ②　　　　5) ①

● 들어요 1

**1**

1) ⑤　　　　2) ③　　　　3) ①

4) ④

**2**

1) ②　　　　2) ②　　　　3) ①

4) ②

**3**

1) ①　　　　2) ②　　　　3) ①

4) ①

● 들어요 2

**1** ④

**2** ②

● 들어요 3

**1** 샴푸 한 개, 휴지 세 개, 아이스크림, 초콜릿

**2** ①

● 더 들어요

두 병, 콜라: 한 병, 과자: 세 개, 커피: 다섯 잔

## 6과  하루 일과

● 들어 봐요
1) ①    2) ①    3) ②
4) ①    5) ②

● 들어요 1
1
1) ①    2) ②    3) ②
2
1) ②    2) ②    3) ①
3
1) 수요일    2) 월요일    3) 일요일

● 들어요 2
1  ①, ②
2
1) 학교에 가요.    2) 다섯 시쯤 집에 와요.

● 들어요 3
1  회사원
2
1) ○    2) ✕

● 더 들어요
1) ✕    2) ○

## 7과  한국 생활

● 들어 봐요
1) ②    2) ①    3) ②
4) ①    5) ②

● 들어요 1
1
1) ①    2) ②    3) ②
4) ②

2
1) ⑤ → ①    2) ③ → ④    3) ⑦ → ②
4) ⑥ → ⑧

● 들어요 2
1  올해 이월
2  ②

● 들어요 3
1  삼 일 전
2
1) ○    2) ○    3) ✕

● 더 들어요
1) ✕    2) ○    3) ○

## 8과  음식

● 들어 봐요
1) ②    2) ①    3) ①
4) ①    5) ②

● 들어요 1
1
1) 써요.    2) 달고 맛있어요.
3) 조금 싱거워요.    4) 너무 매워요/매웠어요.
2
1) ①    2) ③    3) ③
4) ①

● 들어요 2
1 남자: 비빔밥, 여자: 된장찌개
2
1) ✕    2) ○

● 들어요 3
1  치킨, 피자, 한국 음식
2  ②

● 더 들어요

1) ◯   2) ◯

## 9과 휴일

● 들어 봐요

1) ①   2) ②   3) ②
4) ①   5) ②

● 들어요 1

**1**
1) ◯   2) ✕   3) ◯
**2**
1) ⑦   2) ⑤   3) ②
4) ③

● 들어요 2

**1** ①, ④
**2**
1) ✕   2) ◯

● 들어요 3

**1** 다음 주 화요일부터예요.
**2**
1) ◯   2) ✕

● 더 들어요

1) 한국 가수를 좋아해서 시작했어요.
2) 콘서트에 갈 거예요.

## 10과 날씨와 계절

● 들어 봐요

1) ②   2) ①   3) ②
4) ①   5) ②

● 들어요 1

**1**
1) ②   2) ③   3) ①
4) ④
**2**
1) ②   2) ⑦   3) ⑥
4) ⑨

● 들어요 2

**1** ③
**2**
1) ◯   2) ✕

● 들어요 3

**1** 겨울
**2**
1) ◯   2) ✕

● 더 들어요

여름, 겨울

# 듣기 지문

 **들어요 1**

**012**

1) 남 안녕하세요? 이름이 무엇이에요?
　 여 저는 김고은이에요.
2) 남 안녕하세요? 이름이 뭐예요?
　 여 진 차오예요.
3) 남 저는 윌리엄 사이드입니다.
　 여 만나서 반가워요, 윌리엄 씨.

**013**

1) 남 어느 나라 사람이에요?
　 여 호주 사람이에요.
2) 여 중국 사람이에요?
　 남 아니요, 일본 사람이에요.
3) 여 안녕하세요? 저는 김지아예요.
　 남 안녕하세요? 저는 바트바야르예요. 몽골 사람이에요.

**014**

1) 남 직업이 뭐예요?
　 여 회사원이에요.
2) 남 선생님이에요?
　 여 아니요, 의사예요.
3) 여 학생이에요?
　 남 네, 한국대학교 학생이에요.

 **들어요 2**

**015**

남 안녕하세요? 저는 서준우예요.
여 안녕하세요? 준우 씨, 저는 흐엉이에요.
남 흐엉 씨는 어느 나라 사람이에요?
여 베트남 사람이에요. 만나서 반갑습니다.
남 네, 만나서 반가워요.

 **들어요 3**

**016**

남 안녕하세요? 저는 가오이신이에요. 중국 사람이에요. 회사원이에요. 지금 한국 자동차에 다녀요. 만나서 반갑습니다.

 **더 들어요**

**017**

여1 안녕하세요? 저는 정세진이에요. 한국어 선생님이에요.
　 이름이 뭐예요?
남 저는 고트라예요.
여2 저는 마리안이에요.
여1 어느 나라 사람이에요?
남 저는 인도 사람이에요.
여2 저는 캐나다에서 왔어요.

## 2과　일상생활 I

 **들어요 1**

**022**

1) 남　무엇을 해요?
　여　먹어요.
2) 남　뭐 해요?
　여　일해요.
3) 여　읽어요?
　남　아니요, 써요.

**023**

1) 여　무엇이에요?
　남　빵이에요.
2) 남　뭐예요?
　여　커피예요.
3) 남　무엇을 사요?
　여　우산을 사요.
4) 여　무엇을 해요?
　남　음악을 들어요.

 **들어요 2**

**024**

여　다니엘 씨, 오늘 무엇을 해요?
남　친구를 만나요.
여　친구하고 같이 무엇을 해요?
남　운동을 해요. 나쓰미 씨는 뭐 해요?
여　저는 옷을 사요.

 **들어요 3**

**025**

여　무함마드 씨, 오늘 일해요?
남　아니요, 오늘 쉬어요.
　　두엔 씨는 오늘 뭐 해요?
여　한국어를 공부해요.
남　선생님하고 공부해요?
여　아니요, 친구하고 공부해요.

 **더 들어요**

**026**

남　우리 반 친구들이에요. 카밀라 씨는 음악을 들어요. 웨이 씨는 운동해요. 무함마드 씨는 책을 읽어요. 두엔 씨는 친구하고 이야기해요. 다니엘 씨는 자요. 미아 씨는 빵을 먹어요.

## 3과　일상생활 II

 **들어요 1**

**032**

1) 남　어때요?
　여　많아요.
2) 남　어때요?
　여　어려워요.
3) 여　맛있어요?
　남　네, 맛있어요.

**033**

1) 여　무엇이에요?
　남　가방이에요.
2) 남　무엇을 사요?
　여　시계를 사요.
3) 여　연필이에요?
　남　아니요, 볼펜이에요.

 **들어요 2**

**034**

여　웨이 씨, 지금 한국어를 공부해요?
남　아니요, 지금 쉬어요.
여　한국어 공부가 어려워요?
남　네, 어려워요. 그렇지만 재미있어요.

**들어요 3**

 035

여 이거 무함마드 씨 지갑이에요?

남 네.

여 지갑이 예뻐요.

　　이 지갑 비싸요?

남 네, 조금 비싸요.

 **더 들어요**

036

여 여기는 우리 교실이에요. 교실이 커요. 교실에 책상이 많아요. 의자도 많아요. 그렇지만 책은 없어요. 교실에 선생님이 있어요. 친구도 있어요. 우리 선생님은 아주 재미있어요.

## 4과　장소

 **들어요 1**

042

1) 남 어디에 가요?

　　여 카페에 가요.

2) 여 어디 가요?

　　남 약국에 가요.

3) 남 학교에 가요?

　　여 아니요, 식당에 가요.

4) 여 편의점에 가요?

　　남 네, 물을 사요.

043

1) 여 지금 무엇을 해요?

　　남 집에서 책을 읽어요.

2) 남 백화점에서 가방을 사요?

　　여 아니요, 옷을 사요.

3) 여 어디 가요?

　　남 공원에 가요.

　　여 공원에서 무엇을 해요?

　　남 운동해요.

4) 남 어디에서 친구를 만나요?

　　여 친구 집에서 만나요.

　　남 거기에서 무엇을 해요?

　　여 친구하고 게임을 해요.

 **들어요 2**

044

남 안녕하세요, 샤오 씨.

여 아, 선생님, 안녕하세요.

남 샤오 씨, 지금 집에 가요?

여 아니요, 편의점에 가요.

남 거기에서 뭐 사요?

여 커피하고 과자를 사요. 선생님은 어디에 가요?

남 저는 집에 가요.

 **들어요 3**

045

여 다니엘 씨, 오늘 정말 멋있어요. 회사에 가요?

남 아니요, 오늘은 일이 없어요.

여 그러면 어디에 가요?

남 오늘 친구가 한국에 와요. 그래서 공항에 가요.

여 아, 그래요? 친구도 독일 사람이에요?

남 아니요, 친구는 미국 사람이에요.

 **더 들어요**

046

여 저는 여기를 좋아해요. 그래서 자주 가요. 저는 여기에서 게임을 해요. 라면을 먹어요. 그리고 커피도 마셔요. 사람들은 여기에서 일도 해요. 여기는 어디일까요?

## 5과 물건 사기

### 🎧 들어요 1

052

1) 남 치약이 있어요?
   여 네, 있어요.
2) 여 김밥 있어요?
   남 아니요, 지금 없어요.
3) 남 무엇을 드릴까요?
   여 비누 주세요.
4) 여 아저씨, 물 주세요.
   남 네, 여기 있어요.

053

1) 여 라면 몇 개 드릴까요?
   남 라면 다섯 개 주세요.
2) 남 뭘 드릴까요?
   여 계란 열 개 주세요.
3) 여 어서 오세요.
   남 치약 한 개하고 칫솔 세 개 주세요.
4) 남 뭘 드릴까요?
   여 이 빵 네 개하고 우유 두 개 주세요.

054

1) 남 얼마예요?
   여 천이백 원이에요.
2) 여 얼마예요?
   남 구천팔백 원이에요.
3) 남 이 가방 얼마예요?
   여 삼만 육천 원이에요.
4) 여 저 옷 얼마예요?
   남 칠만 오천 원이에요.

### 🎧 들어요 2

055

남 어서 오세요. 뭘 드릴까요?
여 우산 있어요?

남 네, 저기에 있어요.
여 이 우산은 얼마예요?
남 그건 이만 원이에요.
여 이만 원이요? 비싸요. 저 우산은 얼마예요?
남 그건 구천 원이에요.
여 네, 좋아요. 저걸로 두 개 주세요.
남 네, 모두 만 팔천 원입니다.

### 🎧 들어요 3

056

여 어서 오세요. 뭘 드릴까요?
남 샴푸 한 개하고 휴지 세 개 주세요.
여 네, 여기 있어요.
남 그리고 아이스크림도 주세요.
여 죄송합니다. 지금 아이스크림이 없어요.
남 그래요? 그럼 초콜릿 한 개 주세요.
여 네, 알겠습니다.
남 이거 모두 얼마예요?
여 만 오천오백 원이에요.

### 🎧 더 들어요

057

여 오늘 친구들이 집에 와요. 모두 네 명 와요. 그래서 편의점에 가요. 주스 두 병, 콜라 한 병을 사요. 과자도 세 개 사요. 우리는 모두 커피를 좋아해요. 그래서 커피는 다섯 잔 사요.

## 6과 하루 일과

### 🎧 들어요 1

062

1) 남 지금 몇 시예요?
   여 아홉 시 삼십오 분이에요.
2) 남 몇 시에 수업이 끝나요?
   여 열한 시 오십 분에 끝나요.

3) 여 영화가 언제 시작돼요?
   남 여덟 시에 시작돼요.

1) 여 오늘이 며칠이에요?
   남 오월 십육 일이에요.
2) 남 생일이 언제예요?
   여 유월 이십칠 일이에요.
3) 여 칠월 이십 일에 와요?
   남 아니요, 이십일 일에 와요.

1) 남 오늘이 무슨 요일이에요?
   여 수요일이에요.
2) 남 학교에 언제 가요?
   여 월요일에 가요.
3) 여 일요일에 뭐 해요?
   남 집에서 쉬어요.

 **들어요 2**

여 보통 오전에 뭐 해요?
남 학교에 가요. 학교에서 한국어를 공부해요.
여 그럼 점심은 몇 시에 먹어요?
남 한 시에 먹어요.
여 오후에는 뭐 해요?
남 친구하고 카페에 가요. 그리고 다섯 시쯤 집에 와요.

 **들어요 3**

여 저는 아침 일곱 시에 일어나요. 샤워를 하고 아침을 먹어요. 그리고 여덟 시에 회사에 가요. 오후여섯 시에 퇴근해요. 점심은 회사에서 먹어요. 저녁은 친구하고 같이 회사 근처에서 먹어요. 집에아홉 시에 와요.

 **더 들어요**

여 직업이 뭐예요?
남 의사예요. 한국 병원에서 일해요.
여 몇 시에 출근해요?
남 아홉 시 반에 출근해요. 열 시부터 오후 다섯 시까지 일해요.
여 저녁에는 뭐 해요?
남 보통 집에서 시간을 보내요.
   가족하고 저녁을 먹고 아들하고 놀아요.

**7과 한국 생활**

 **들어요 1**

1) 여 언제 한국에 왔어요?
   남 일주일 전에 왔어요.
2) 여 내일 오전에 뭐 해요?
   남 친구하고 쇼핑해요.
3) 남 언제 고향에 가요?
   여 다음 달에 고향에 가요.
4) 남 어제 웨이 씨를 만났어요?
   여 아니요, 지난주에 만났어요.

1) 남 주말에 뭐 했어요?
   여 쇼핑하고 영화를 봤어요.
2) 여 지난주 토요일에 뭐 했어요?
   남 오전에 티브이를 보고 오후에 친구를 만났어요.
3) 남 보통 수업이 끝나고 뭐 해요?
   여 저녁을 먹고 한국어를 공부해요.
4) 여 어젯밤에 뭐 했어요?
   남 샤워하고 잤어요.

##  들어요 2

 074

남 레이 씨는 언제 한국에 왔어요?

여 올해 이월에 왔어요.

남 한국 생활이 어때요? 좋아요?

여 네, 정말 좋아요. 한국 친구도 많고 회사 일도 재 밌어요.

남 아, 회사에 다녀요? 어느 회사에서 일해요?

여 게임 회사에서 일해요.

남 그러면 회사에서도 게임을 많이 해요?

여 네, 많이 해요. 그래서 집에서는 게임을 안 해요.

##  들어요 3

 075

남 저는 삼 일 전에 한국에 왔어요. 한국 회사에 일이 있었어요. 그래서 그저께하고 어제는 회사에서 일 을 했어요. 오늘은 일이 없었어요. 그래서 한국 친 구를 만났어요. 같이 시장에 갔어요. 거기에서 한 국 음식도 먹었어요. 재미있었어요.

##  더 들어요

 076

여 오늘은 인기 가수 조이 씨를 만납니다. 조이 씨 안 녕하세요?

남 네, 안녕하세요. 만나서 반갑습니다.

여 한국어를 잘하네요. 한국어 공부는 언제부터 했어 요?

남 일 년 전에 시작했어요.

여 그런데 정말 한국어를 잘해요. 어제 콘서트에서도 한국어로 노래를 했지요?

남 네, 좀 어려웠어요. 제 노래를 들었어요? 어땠어 요?

여 정말 좋았어요. 한국어도 정말 잘했어요.

남 고맙습니다.

여 조이 씨, 오늘도 콘서트가 있지요? 콘서트 잘하 세요!

---

## 8과 음식

##  들어요 1

 082

1) 남 맛이 어때요?

여 써요.

2) 여 이건 맛이 어때요?

남 달고 맛있어요.

3) 남 맛있어요?

여 조금 싱거워요.

4) 여 맛있었어요?

남 아니요, 너무 매웠어요.

083

1) 여 뭐 먹을래요?

남 저는 비빔밥을 먹을래요.

2) 여 저는 삼계탕을 먹을래요.

남 저는 갈비탕을 먹을래요.

3) 여 김밥을 먹을래요?

남 네. 그리고 라면도 먹을래요.

4) 여 뭘 드릴까요?

남 햄버거 하나하고 치킨 두 개 주세요.

##  들어요 2

084

남 카밀라 씨, 뭐 먹을래요?

여 여기는 뭐가 맛있어요?

남 된장찌개가 맛있어요.

여 된장찌개는 맛이 어때요?

남 조금 짜지만 맛있어요.

여 그럼 저는 된장찌개 먹을래요. 하준 씨도 된장찌 개 먹을래요?

남 저는 어제 된장찌개를 먹었어요. 오늘은 비빔밥을 먹을래요. 여기요, 된장찌개하고 비빔밥 주세요.

**들어요 3**

 093

1) 남 이번 주말에 뭐 할 거예요?

여 쇼핑할 거예요.

2) 남 내일 뭐 할 거예요?

여 사진을 찍고 싶어요. 그래서 한강에 갈 거예요.

3) 남 이번 휴일에 집에서 쉴 거예요?

여 아니요, 놀이공원에서 놀 거예요.

4) 남 방학에 여행을 갈 거예요?

여 아니요, 고향에 갈 거예요. 가족을 만나고 싶어요.

085

남 두엔 씨는 무슨 음식을 좋아해요?

여 저는 치킨도 좋아하고 피자도 좋아해요.

남 그래요? 한국 음식은 안 좋아해요?

여 아니요, 좋아해요. 오늘 점심에도 순두부찌개를 먹었어요.
웨이 씨는 어때요? 한국 음식을 잘 먹어요?

남 네, 저도 한국 음식을 좋아해요.

여 김치도 잘 먹어요?

남 아, 김치는… 김치는 너무 매워요.

 **들어요 2**

094

여 웨이 씨는 주말에 보통 뭘 해요?

남 저요? 주말에도 같아요.
한국어 공부하고 집에서 쉬어요. 재미없어요.

여 정말 재미없네요. 그럼 이번 주말에 같이 놀래요?

남 좋아요. 그런데 뭐 할 거예요?

여 영화관에서 영화를 볼래요?

남 음. 저도 영화를 좋아해요. 그렇지만 한국 영화는 어려워요.

여 그럼 중국 영화를 볼래요?

남 네, 좋아요.

 **더 들어요**

086

여 어서 오세요. 몇 분이세요?

남 한 명이에요.

여 여기 앉으세요. 주문하시겠어요?

남 네, 비빔밥 하나 주세요. 그런데 비빔밥에 고기가 들어가요?

여 네, 들어가요.

남 그럼 고기는 빼 주세요.

여 네, 알겠어요. 잠깐만 기다리세요.

 **들어요 3**

095

여 현수 씨, 휴가 어땠어요?

남 정말 좋았어요. 구경도 많이 하고 그곳 요리도 배웠어요.

남 민지 씨는 휴가가 언제예요?

여 다음 주 화요일부터 일주일이에요.

남 민지 씨도 여행 갈 거예요?

여 아니요, 이번에는 집에 있을 거예요.
집에서 티브이도 보고 책도 읽을 거예요.
그리고 잠도 많이 자고 싶어요.

**9과 휴일**

 **들어요 1**

092

1) 여 오늘 학교에 안 가요?

남 네, 지금 방학이에요. 이 주일 후에 학교에 가요.

2) 여 휴가가 언제예요?

남 지난주가 휴가였어요. 오늘은 출근했어요.

3) 여 언제 고향에 가요?

남 내일 가요. 오늘부터 휴가예요.

**더 들어요**

 **들어요 2**

096

여 저는 한국 가수 '카이'를 정말 좋아해요. 작년에 처음 카이 노래를 들었어요. 카이는 노래도 잘하고 춤도 잘 추고 너무 멋있었어요. 저는 카이를 만나서 한국어로 이야기하고 싶어요. 그래서 한국어를 배웠어요. 다음 달에 휴가가 있어요. 그때 한국에서 카이 콘서트가 있어요. 저는 콘서트에 갈 거예요. 그리고 카이한테 '사랑해요' 말할 거예요.

104

여 이번 연휴에 집에 있었어요?
남 아니요, 친구하고 제주도에 갔어요.
여 그랬어요? 서울은 그때 비가 많이 왔어요. 제주도 날씨는 어땠어요?
남 제주도에는 비 안 왔어요. 날씨 좋았어요.
여 그럼 바다에서 수영도 했어요?
남 바닷가에는 갔어요. 그렇지만 시간이 없어서 수영은 못 했어요.

 **들어요 3**

105

여 와, 눈이 와요.
남 하리마 씨, 눈을 처음 봤어요?
여 아니요, 작년에 한국에 와서 그때 처음 봤어요.
남 하리마 씨 고향은 겨울에도 안 추워요?
여 네, 우리 고향은 더워요.
남 그럼 한국 날씨가 추워서 힘들어요?
여 아니요, 집하고 학교 모두 따뜻해서 괜찮아요.

**10과 날씨와 계절**

 **들어요 1**

102

1) 여 여름에 보통 뭐 해요?
   남 바닷가에 가요.
2) 여 여기도 가을에 단풍이 들어요?
   남 네, 그래서 단풍 구경을 해요.
3) 남 어제 뭐 했어요?
   여 친구하고 같이 꽃구경을 했어요.
4) 남 지난 겨울에 눈이 많이 왔어요?
   여 네, 그래서 스키를 많이 탔어요.

 **더 들어요**

106

남 한국 여름이 너무 더워요? 그러면 팥빙수 어때요? 팥빙수는 얼음이 있어서 시원해요. 그리고 달고 아주 맛있어요. 팥빙수는 친구하고 같이 먹으면 더 좋아요.
여 요즘 많이 추워요. 그렇죠? 겨울에 한국 사람은 호떡을 먹어요. 호떡은 싸고 맛있어요. 빵 안에 설탕이 있어서 정말 달아요. 호떡을 먹으면 따뜻하고 행복해요.

103

1) 남 날씨가 어때요?
   여 더워요.
2) 여 바람이 불어요?
   남 네, 바람이 많이 불어요.
3) 여 어제 날씨가 좋았어요?
   남 아니요, 좀 흐렸어요.
4) 남 주말에 비가 왔어요?
   여 비는 안 오고 눈이 왔어요.

MEMO

MEMO

# 고려대 재미있는 한국어 ① 中文版

듣기 Listening

| | |
|---|---|
| **초판 발행** | 2019년 8월 12일 |
| **2판 발행 1쇄** | 2021년 5월 20일 |
| **지은이** | 고려대학교 한국어센터 |
| **펴낸곳** | 고려대학교출판문화원 |
| | www.kupress.com |
| | kupress@korea.ac.kr |
| | 02841 서울특별시 성북구 안암로 145 |
| | Tel 02-3290-4230, 4232 |
| | Fax 02-923-6311 |
| **유통** | 한글파크 |
| | www.sisabooks.com / hangeul |
| | book_korean@sisadream.com |
| | 03017 서울시 종로구 자하문로 300 시사빌딩 |
| | Tel 1588-1582 |
| | Fax 0502-989-9592 |
| **일러스트** | 최주석, 황주리 |
| **편집디자인** | 한글파크 |
| **찍은곳** | 주식회사 레인보우 피앤피 |
| **ISBN** | 979-11-90205-00-9 (세트) |
| | 979-11-90205-78-8 04710 |

값 12,000원